AF381593

GUÍA DE LECTURA

Escrita por Jeremy Lambert
Traducida por Laura Soler Pinson

El fin del «Homo sovieticus»

de Svetlana Aleksiévich

Entiende fácilmente la literatura con

ResumenExpress.com

www.resumenexpress.com

SVETLANA ALEKSIÉVICH

UNA PLUMA QUE ESCUCHA A LOS ANÓNIMOS

- **Nacida en 1948 en Ivano-Frankvisk (Ucrania)**
- **Algunas de sus obras:**
  - *Los muchachos de zinc* (1991), recopilación de testimonios
  - *Zacharovannye Smertiu* («Cautivados por la muerte», 1993), recopilación de testimonios
  - *Voces de Chernóbil* (1999), recopilación de testimonios

Svetlana Aleksiévich, nacida en Ucrania unos años después del final de la Segunda Guerra Mundial (1939-1945), en seguida se instala con su familia en Bielorrusia. En Minsk, cursa estudios de Periodismo, que termina en 1974. Entonces, trabaja para varias revistas y periódicos bielorrusos durante los años 1970 y 1980. Entra en la Unión de Escritores Soviéticos en 1983.

En sus libros, que escribe en ruso, recopila los relatos y no esconde su implicación social en la sociedad comunista de la época. Esto no impide que, en más de una ocasión, haya sido víctima de la censura, debido a su crítica virulenta de las políticas bielorrusa, ucraniana y rusa. Tras haber vivido durante un tiempo en el extranjero, decide volver a Bielorrusia.

Recibe el Premio Nobel de Literatura en 2015.

EL FIN DEL «HOMO SOVIETICUS»

MOSAICO DE TESTIMONIOS SOBRE UN IMPERIO DESAPARECIDO

- **Género:** recopilación de testimonios
- **Edición de referencia:** Aleksiévich, Svetlana. 2015. *El fin del «Homo sovieticus»*. Traducido por Jorge Ferrer. Barcelona: Acantilado
- **Primera edición:** 2013
- **Temáticas:** Unión Soviética, comunismo, transición política, capitalismo, historia de Rusia

Esta recopilación de testimonios, de la que la autora se convierte en el riguroso receptáculo, ofrece una imagen variada, variopinta y elaborada de la transformación política que vive la sociedad rusa durante las dos décadas que siguen a la caída de la URSS en 1991, al antojo de las transformaciones económicas, de las guerras civiles en las repúblicas periféricas o de la pérdida de referentes culturales. La fuerza de la obra reside en que la autora no aborda estas cuestiones de frente, sino que siempre lo hace a través de preguntas privadas sobre las historias de amor, los recuerdos familiares o las biografías de sus interlocutores.

RESUMEN

UNA ESTRUCTURA CENTRADA EN LA POLÍTICA

El fin del «Homo sovieticus» es una recopilación de testimonios cuyo tema es el periodo que sigue a la instauración de la Federación de Rusia en 1991. En la versión original, el título va acompañado de un subtítulo, «Época del desencanto», lo que remite a la pérdida de referencias de una población extremadamente diversificada tanto en el plano social como en los planos étnico y cultura, obligada a vivir durante décadas en una misma realidad dominada por un Estado totalitario que inventa sus mitos unificadores (poder político, ejército imbatible, conquista del espacio, etc.) y que moviliza sus símbolos de inclusión (jóvenes comunistas, compromiso con el partido, colonización, etc.), que de repente descubre un sistema político, económico y social completamente nuevo.

Estos testimonios se extienden en dos décadas,

de 1991 a 2012, y se dividen en dos partes:

- la primera se titula **«El consuelo del apocalipsis»**. Los testimonios que aparecen aquí son recopilados entre 1991 y 2001, es decir, durante el periodo en el que Boris Yeltsin (1931-2007) es presidente de la Federación de Rusia. En esta época, se desarrolla el capitalismo más salvaje en esta parte del mundo, lo que favorece la aparición de los oligarcas, esos especuladores que en seguida se vuelven millonarios acaparando sectores enteros de la economía nacional usando, a menudo, métodos cuestionables. También es el momento en el que se reduce la superficie de la Federación de Rusia, que debe enfrentarse a la deserción de muchas regiones que reclaman su independencia (Armenia, Azerbaiyán, Georgia, Chechenia, Estados bálticos, Ucrania, Bielorrusia, etc.). Los testimonios recogidos expresan opiniones diversas sobre estos temas, en función del estatus social y de la nacionalidad de su autor;
- la segunda parte, titulada **«El encanto del vacío»**, se centra en los años 2002-2012, marcados por la hiperpresidencia de Vladimir Putin (nacido en 1952), la lucha contra la

oligarquía independiente del poder, las consecuencias de la guerra de Chechenia, la independencia de las repúblicas periféricas y el empobrecimiento de la población, que ya no puede contar con el Estado para subvencionar su día a día. De nuevo, los testimonios tratan estas cuestiones de diversas maneras, con un arrebato de nostalgia más palpable que en los de la década anterior.

Cada una de estas partes está compuesta por diez relatos —que la autora llama «historias»— cuyo título siempre empieza por las palabras «De cómo…». Ambas partes van precedidas por fragmentos de testimonios sacados de «el rumor de la calle y las conversaciones en la cocina»[1]: se trata de una sucesión de enunciados anónimos descontextualizados (el lector solo conoce la década en la que han sido recopilados). El conjunto de estos enunciados da una imagen global y multilateral de la situación sociopolítica en la que se trata de entender las diez historias que vienen a continuación. Además, el libro incluye referencias cronológicas y una introducción

---

1. Todas las citas han sido traducidas por ResumenExpress.com

titulada «Apuntes de una cómplice», donde se detalla el punto de vista de la autora.

El método de recopilación de los testimonios apenas se esboza: simplemente sabemos que se trata de una lista de conversaciones grabadas o transcritas. Los comentarios breves de la autora, parecidos a didascalias escritas en cursiva en el texto, indican que Svetlana Aleksiévich se reúne con estas personas tanto en el extranjero como en Rusia, tanto en Moscú como en otras regiones. El abanico de interlocutores es muy amplio, de edades y de entornos sociolaborales diversos. Por ejemplo: «Yelena Yúrevna, tercera secretaria de un comité regional del Partido, 49 años»; «Timerian Zinatov, excombatiente, 77 años»; «Ravchan, trabajador inmigrante, 27 años, y Gafhkar Yurayevna, presidenta de la fundación Tayikistán en Moscú». Todas las «historias» adoptan la forma de un monólogo, lo que significa que no se transcriben las preguntas planteadas por la escritora.

UN MOSAICO DE PUNTOS DE VISTA

Estas voces juntas forman un mosaico que aporta un punto de vista matizado acerca de la transformación de una sociedad reñida con uno de los mayores fenómenos políticos del siglo XX, el socialismo. La diversidad de los testimonios ofrece una panorámica de la sociedad postsoviética, compuesta por personas que se han llevado un gran desengaño y por otras que han aprovechado la situación. Las decepciones personales suelen ir acompañadas de reflexiones acerca de la naturaleza del Estado, sobre lo que antes era mejor y lo que se ha degradado en la sociedad actual, así como de consideraciones generales sobre la vida humana. En conjunto, pocas «historias» evocan una evolución positiva de la sociedad postsoviética. Existen los elementos positivos, pero se ahogan en una retórica del sufrimiento omnipresente.

Así, la temática predominante es la del sufrimiento. Los distintos testigos la mencionan en función de sus propias vivencias:

- encarcelación, deportación o muerte de un ser querido durante la época estaliniana (1929-1953);
- penas del corazón;
- diferencia de las mentalidades (en especial, entre un progenitor educado durante la época

soviética y el hijo que ha crecido después de la caída de la URSS);
- problemas relacionados con el origen étnico;
- problemas sociales, como el alcoholismo o la extrema pobreza;
- etc.

De estas pequeñas biografías fragmentadas se desprenden elementos recurrentes que exponen la sociedad soviética en su conjunto, la transición operada y el sistema liberal de después. Cada testigo añade a esta imagen fragmentos de su vida cotidiana, su percepción de los hechos, sus sensaciones o sus emociones. Por supuesto, la imagen que surge es paradójica, ya que las opiniones no son unilaterales; también se trata de una imagen incompleta debido a las decisiones tomadas por la autora en la selección de sus temas. No obstante, esta recopilación es una obra con una gran fuerza, tanto por el tema tratado como por la forma que le da Svetlana Aleksiévich y la armonía que se desprende de ella.

PUNTOS DESTACADOS

HISTORIA DE LA URSS

El momento fundador de la Unión de Repúblicas Socialistas Soviéticas (URSS) es la revolución bolchevique de octubre de 1917. El nuevo Estado que se crea, instituido oficialmente el 30 de diciembre de 1922, se construye como una federación de repúblicas —determinadas en función de un factor étnico— en la que cada una goza de una autonomía relativa. La actividad económica, social, militar, cultural, etc. se ve definida por el Partido Comunista (PCUS), que supuestamente representa al pueblo trabajador —clase social victoriosa de la marcha de la historia— a través de la acción de su Buró Político (Politburó) y con la ayuda de la policía política (Cheka, que, a continuación, se convierte en el NKVD). El primer dirigente de la URSS es Lenin, apodo de Vladímir Ilich Uliánov (1870-1924). Stalin, cuyo verdadero nombre es Iósif Vissariónovich Dzhugashvili (1878-1953), lo sucede cuando muere, tras haber apartado a su principal rival, Lev Davídovich

Bronstein, llamado Trotski (1879-1940).

Así pues, Stalin se erige como el sucesor natural de la política de Lenin y, también, como su único exégeta autorizado. Elimina metódicamente a todas las personas sospechosas de oponerse a su política, tanto dentro del partido como en la sociedad civil. Bajo su reino dictatorial, el terror, que se había vuelto sistemático desde los primeros instantes de la URSS, sigue incrementándose.

La URSS, que primero se alía con Alemania al inicio de la Segunda Guerra Mundial, es atacada por esta en junio de 1941. El asedio de Stalingrado (julio de 1942-febrero de 1943) que llevan a cabo los alemanes, uno de los más sangrientos de la historia, termina con la victoria soviética: marca el principio de la contraofensiva del Ejército Rojo, que pronto lo lleva hasta Berlín. Entonces, Stalin, aliado fundamental de los occidentales en la lucha contra el fascismo, está en condiciones de imponer su control sobre gran parte de la Europa central y oriental.

El dictador muere en 1953. El vacío de poder que viene después permite que se imponga la figura de Nikita Kruschev (1894-1971). En 1956, durante el XX Congreso del PCUS, este último critica abiertamente el culto a la personalidad instaurado por su predecesor: es el principio del deshielo, es decir, de la flexibilización relativa de las condiciones de vida. En paralelo, empeora la Guerra Fría (1945-1990) que enfrenta a la URSS con Estados Unidos desde finales de la Segunda Guerra Mundial.

Kruschev es destituido en favor de Leonid Breznev (1906-1982) al principio de los años 1960. Las dos décadas siguientes son años de plomo en los planos económico y cultural. A pesar de ello Breznev teoriza la idea de que la URSS se ha convertido en el paradigma del socialismo real, con lo que legitima el proceso histórico que ha llevado a cabo —y, por ende, el estalinismo—. En 1979, la URSS se lanza en una gran guerra en Afganistán, conflicto que resultará particularmente fastidioso para las tropas soviéticas.

Tras varios cambios a la cabeza del Estado a principios de los años 1980, Mijaíl Gorbachov (nacido en 1931) se convierte en secretario general del PCUS en 1985. Establece una serie de reformas (la perestroika) como la reactivación de la economía privada a pequeña escala, la aceptación de un cierto pluralismo político (sin que ello signifique rechazar la idea de un papel protagonista del PCUS), la conclusión de acuerdos con Estados Unidos, etc.

LA TRANSICIÓN DEMOCRÁTICA

Tras la caída del muro de Berlín en noviembre de 1989 y el desmoronamiento de los sistemas comunistas en la Europa central y oriental, la URSS intenta resistir desarrollando sus reformas sistémicas. Sin embargo, en agosto de 1991, una parte del ala dura del PCUS aprovecha la ausencia de Gorbachov, de vacaciones en Crimea, para dar un golpe de Estado. Pero, en seguida, la calle se manifiesta contra este endurecimiento, el ejército se une al pueblo y desbarata el golpe. Gorbachov vuelve al poder, pero no puede impedir la disolución del PCUS, acontecimiento que marca el final de la URSS.

Entonces, Yeltsin es elegido presidente de la recién creada Federación de Rusia. Varias repúblicas se independizan, entre las que destacan Armenia, Azerbaiyán y Georgia, tres Estados en los que en seguida estallan conflictos territoriales. En 1994, empieza la primera guerra de

Chechenia, región rica en petróleo que Moscú no quiere dejar ir. Este conflicto mortífero, finalizado en 1995, volverá a iniciarse en 1999. Además, durante la última década del siglo XX, la inflación es enorme en las antiguas repúblicas soviéticas. Las privatizaciones van a buen ritmo. El desempleo, que hasta entonces era inexistente, se convierte en algo habitual. Las empresas —con problemas de liquidez— pagan a sus empleados en productos manufacturados. Los oligarcas se adueñan de sectores enteros de la economía rusa.

Yeltsin, desaprobado, dimite en diciembre de 1999 en favor de Putin quien, tras dos mandatos presidenciales, se convierte en primer ministro y, de nuevo, en presidente a partir de 2012. Bajo su administración, se silencian las protestas y se vigila de cerca a la sociedad. Los oligarcas que se oponen al poder son amenazados con frecuencia, lo que permite que el Estado recupere muchos monopolios para la economía del país. En paralelo, la segunda guerra de Chechenia y los acontecimientos terroristas que la acompañan generan un gran traumatismo en el líder de la sociedad rusa.

CLAVES DE LECTURA

EL ENFOQUE DE SVETLANA ALEKSIÉVICH

Ya en las primeras páginas del libro se nos desvela el enfoque de la autora: «Me esfuerzo en escuchar con honestidad a todos aquellos que han participado en el drama socialista...». La escritora no esconde su desprecio por el sistema político liberticida en el que ha crecido, en cuyos engranajes ha participado (en especial, fue miembro de los movimientos de las juventudes socialistas y, más adelante, de la Unión de Escritores Soviéticos). Así pues, no sorprende que al evocar al *Homo sovieticus*, esta especie de hombre nuevo, que nace de la voluntad de un sistema que lo supera, Aleksiévich se compara con él. Esta idea aparece expresada ya en la introducción y se repite después en los breves comentarios en cursiva que se sitúan antes o después de los testimonios: «Cuando escuché a alguien, dentro, entonar nuestra canción soviética favorita, *Las noches de Moscú*, no me lo podía creer. Al volver al salón, me los encontré a todos cantando. Y yo canté con ellos». En ningún momento la autora se posiciona como extranjera, como persona exterior al universo que intenta comprender:

> «Nosotros, los socialistas, somos iguales a los otros, y no somos iguales, tenemos nuestros propio léxico, nuestra propia concepción del bien y del mal, de los héroes y de los mártires. Tenemos una relación especial con la muerte».

Aunque anota con cuidado los testimonios de sus contemporáneos, el enfoque de Svetlana Aleksiévich viene determinado por una sensibilidad de escritora: «Miro el mundo con los ojos de una literata, no con los de una historiadora. El ser humano me sorprende…». En cambio, admite de buen grado que su labor es un trabajo de memoria, similar al de una historiadora, pero «una historiadora de sangre fría, y no una historiadora que alza una antorcha encendida», con lo que expresa de esta manera que no somete su juicio a una tesis previa.

Lo que le interesa a la autora son los detalles de la vida cotidiana y, a través de ellos, contempla al hombre soviético. A las personas a las que entrevista, a las que llama sus «héroes», les «hace preguntas, no sobre el socialismo, sino sobre el amor, los celos, la niñez, la vejez. Sobre la música, los bailes, los cortes de pelo. Sobre los miles de detalles de una vida que ha desaparecido». Por lo general, estos relatos se orientan hacia un tema predominante, el sufrimiento: «Doy vueltas, no termino de explorar los círculos del sufrimiento. No consigo despegarme de ello», confiesa.

EL *HOMO SOVIETICUS* Y EL MUNDO RELATIVO

Desde las primeras páginas de su obra, Svetlana Aleksiévich indica que desea interesarse por lo que hizo el «*Homo sovieticus*». Este término con una connotación ampliamente negativa, que popularizó en los años 1980 el sociólogo soviético Alexandr Alexandrovich Zinoniev (1922-2006), designa al ciudadano soviético. Remite a un cierto contento a la baja, a una inercia del ciudadano que no se interesa ni por su trabajo, ni por los frutos de este, incapaz de cuidar el bien común, rechazando toda responsabilidad personal y aceptando pasivamente las órdenes que vienen de arriba. Desde el principio, la autora insiste en este punto: «El comunismo tenía un proyecto descabellado: transformar al hombre "antiguo", al viejo Adán. Y funcionó… Quizás es lo único que funcionó». Para Svetlana Aleksiévich, el *Homo sovieticus* es el único elemento fecundo de la realidad soviética.

En seguida, recalca la paradoja: «La gente no se daba cuenta de su esclavitud e, incluso, les gustaba esa esclavitud». Esta paradoja está en la raíz de una visión particular del mundo, arraigada en el sufrimiento sistemático, pero que rechaza el modelo materialista de Occidente. El *Homo sovieticus* no tiene nada, pero está rodeado de semejantes que tampoco tienen nada. Pero, sobre todo, es el equivalente de los demás en su sufrimiento compartido; todos viven la misma realidad lúgubre y vulgar y apenas saben qué ocurre en otras partes del mundo, un concepto, que, de hecho, es algo vago en el país más grande del planeta.

Durante la transición hacia el capitalismo, no es el cambio radical lo que está en el centro de las aspiraciones, sino más bien el desarrollo, la modificación o la evolución. La perestroika, el ciclo de reformas lentas previstas por Gorbachov, es una prueba de ello. «La mayoría no era antisoviética. Todo lo que querían era tener una vida mejor», dice un anónimo a la autora, algo con lo que esta última coincide: afirma que, aunque alguna mujer se sintiera libre en la época del cambio de régimen, «la gente como ella no abundaba. Había más a los que les molestaba la libertad». Esta postura media, entre deseo de desarrollo y repetición de lo mismo, impone un relativismo violento, basado en la aceptación servil de las condiciones de vida que, a menudo, son inhumanas y en la creencia de que no puede suceder de otra manera. Sorprende un ejemplo:

> «El tío Vania había vuelto [del campo]… Sin dientes, con una mano paralizada y un hígado hipertrofiado. Volvió a trabajar a su fábrica, en el mismo puesto […]. Y quien lo había denunciado estaba sentado frente a él. Todo el mundo lo sabía, y el tío Vania también lo sabía… […]. Era nuestra vida. ¡Así era! Así somos…».

Otra persona expresa este relativismo con un aforismo: «La verdad de los hombres es un clavo en el que todo el mundo cuelga su sombrero…».

Hay que interpretar todas las historias presentes

en *El fin del «Homo sovieticus»* a través de estas idas y venidas constantes entre resistencia y alienación. Toda la complejidad de la transformación de la sociedad soviética aparece en ellas.

LA SOCIEDAD EN TRANSFORMACIÓN

Para hablar de su existencia actual, que comparan con su vida bajo el comunismo, los interlocutores de Svetlana Aleksiévich destacan elementos de la vida diaria que han desaparecido o que están en pleno desarrollo. A través de estos elementos sobresale una dicotomía recurrente, la del dinero omnipresente contra el ideal que se ha perdido:

> «Este país me es extraño. ¡Completamente extraño! Antes, cuando nos reuníamos entre amigos, hablábamos de libros, de espectáculos... Ahora hablamos de lo que hemos comprado. Del curso de las divisas».
>
> «Quieres llenarte el estómago y rodearte de baratijas lamentables. [...] Todo lo que tienes es lo que hemos construido. Las fábricas, las presas, las centrales eléctricas... Y tú, ¿qué has hecho? Nosotros vencimos a Hitler».
>
> «Mi hermano pequeño lavaba coches después del colegio, vendía chicles y todo tipo de bara-

tijas, y ganaba más que nuestro padre… Él, que era un erudito. Era doctor en Ciencias. ¡La élite soviética!».

En cambio, cuando se trata de evocar el periodo comunista, lo que sale a la luz es sobre todo la violencia. Pero, junto a ella, encontramos otros elementos:

- el carácter unilateral de la visión del mundo que difunde el poder. Así, un testigo anónimo que la escritora cita como ejemplo declara: «He comprado tres periódicos y cada uno cuenta su verdad. ¿Dónde está la verdad auténtica? Antes, por la mañana, leíamos el *Pravda* y sabíamos todo. Entendíamos todo»;
- la omnipresencia de los libros y de las palabras de los intelectuales: «Unos amigos […] nos pasaron una edición en mimeografiado de *Memorias*, de Nadiezhda Mandelstam, todo el mundo estaba sumido en su lectura en esa época»;
- los cantos patrióticos, las canciones de los *scouts* soviéticos, etc., que salpican el texto en cuanto el interlocutor se deja llevar por la nostalgia: «Los delicados rayos del sol/Acarician los muros del viejo Kremlin/Nuestro gran país

despierta/Con la suavidad de la mañana… Es una bonita canción. Aún hoy me sigue pareciendo bonita»;

- las hazañas, como la victoria sobre el fascismo (tema de la Gran Guerra Patria), la conquista del espacio y la hazaña de Yuri Gagarin (1934-1968), el primer hombre en viajar al espacio, el desarrollo de la potencia nuclear, etc.;
- y, sobre todo, las cocinas de los apartamentos, símbolo supremo de la seguridad y del lugar de la libre expresión: «Nos pasábamos la vida en la cocina… Todo el país vivía en su cocina. Nos visitábamos, bebíamos vino, escuchábamos canciones, hablábamos de poesía. Delante de una lata de conservas y de rebanadas de pan negro. Nos sentíamos bien».

Por su parte, el periodo postsoviético está simbolizado por:

- la posibilidad de comprar salchichón, que antes estaba sometido a restricciones: «Pensábamos que las tiendas iban a rebosar de salchichones a precio soviético, y que los miembros del Politburó harían cola como todo el mundo para comprar… Aquí, el salchichón es la referencia absoluta»;

- los bienes de consumo, así como la violencia ejercida para obtenerlos: «Nuestro edificio es muy grande, hay unas veinte entradas. Cada mañana, encontrábamos un cadáver en el patio, ya no nos afectaba. El auténtico capitalismo estaba empezando»;
- la aparición de las teorías económicas y de los términos como *voucher* (bonos del Estado para utilizar en empresas nacionales) y *trader*;
- la vuelta de la Iglesia a la vida cotidiana: «Todo el mundo empezó a ir a la iglesia, y ella también fue, se puso a hacer la señal de la cruz, a hacer el ayuno, pero ella solo creía en el comunismo...».

Por su parte, en los relatos recopilados, el momento de transición está marcado por la omnipresencia de los medios de comunicación: «Pasaba el día leyendo los periódicos. Por la mañana, bajaba al quiosco, al lado de casa, con una bolsa enorme. Escuchaba la radio, miraba la televisión. Sin parar. Todo el mundo estaba un poco loco en esa época».

LA VIOLENCIA

La temática importante de los testimonios es la

del sufrimiento, vinculado a la violencia circundante. En la época de la URSS, el país está constantemente en pie de guerra para protegerse de sus «enemigos». La violencia se encuentra en el centro de la vida soviética, siempre justificada por el poder establecido, casi normal. Adopta la forma de la censura y de la autocensura, de la denunciación y del miedo a ser denunciado, etc. Una cifra increíble de ciudadanos soviéticos es enviada a campos de trabajo que están dispersados por la URSS desde su creación. María Voitechonok, escritora de 57 años, resume su vida con estas palabras: «El sufrimiento me ha educado...».

Lo que llama la atención de un cierto número de testigos es la ausencia de condenas con la caída de la URSS. Un hombre de negocios especialmente virulento exclama que, para él, «Stalin y Hitler van en el mismo saco [y que] exige un juicio de Nuremberg para esos rojos desgraciados», aunque la condena de la violencia diaria es más complicada para las personas más moderadas; esto demuestra hasta qué punto había sido inculcada en las tradiciones. Este pasaje es especialmente elocuente:

«Una pregunta: ¿quién convirtió a Stalin en un Stalin? El problema de la culpabilidad…
Hay que llevar a juicio únicamente a los que ejecutaban, a los que torturaban, o si no:
y también a los que denunciaban…
a los que cogían a los hijos de los "enemigos del pueblo" de sus familias y los enviaban a orfanatos…
a los chóferes que transportaban a la gente detenida…
a las limpiadoras que limpiaban el suelo después de las torturas…
al director de los ferrocarriles que enviaba hacia el norte vagones de ganado llenos de prisioneros políticos…
a los sastres que cosían las chaquetas forradas de los vigilantes de los campos, a los médicos que curaban sus dientes, que les hacían electrocardiogramas para que soportasen mejor su trabajo…».

En cambio, la violencia que nace de los conflictos de intereses personales tras la caída de la URSS despierta un odio general: se convierte en el símbolo de la época de la transición: «Los "capitalistas" locales […] se paseaban por las calles rodeados de toda una comitiva de artilleros»; «Lo saquean todo… Dejan Rusia hecha pedazos…».

LA NOSTALGIA DE UNA GRAN RUSIA

La paradoja más sensible que surge de todos los relatos es la nostalgia del esplendor del Estado, antes y durante el periodo comunista, a pesar de la violencia ejercida para mantenerlo durante la época soviética. La palabra «imperio», que designa tanto a la Rusia zarista como a la URSS, se emplea en muchos testimonios, por ejemplo: «Teníamos un gran imperio que iba de un océano a otro, del círculo polar hasta los Trópicos». La conclusión de esta idea es la necesidad de un jefe fuerte, capaz de defender las fronteras y de demostrar la importancia de Rusia: «Lo que el pueblo espera son cosas simples. Montañas de pan de especias. ¡Y un zar! [...] Por su mentalidad, en su inconsciente, nuestro país en un país de zares. Está en nuestros genes. Todos queremos un zar», exclama un testigo que, por otra parte, se muestra especialmente favorable al socialismo.

Por lo tanto, no es de extrañar que la figura de Stalin —en cualquier caso vista medio siglo después de su muerte; quizás no tenía el mismo brillo en la época del terror— aparezca en varios testimonios. No se habla realmente del hombre como tal, sino más bien de la figura autoritaria que acompañó a varias generaciones de soviéticos. Junto a frases preconcebidas como «"Stalin se encontró a Rusia con un arado y la dejó con la bomba atómica"», encontramos relatos más sinceros: «Evocamos la época soviética. ¿Entiende? Y las conversaciones siempre se acaban con un "Hoy, es el caos [desorden, anarquía]. ¡Nos hace falta un Stalin!"».

Por el contrario, Gorbachov, el hombre que modificó el socialismo y que permitió la transición hacia la economía de mercado —y sus efectos perversos—, es considerado un ser débil, un indeciso que busca una solución intermedia: «Gorbachov abandonó el poder sin derramar sangre», dice un alto funcionario socialista, reprochándole esa falta de vigor.

Así, en todos los relatos reina el desencanto cuando evocan su patria actual, convertida en un Estado entre otros, cuyo poder ya es discutible. Sin embargo, no debemos olvidar que este desencanto es multilateral, originado por muchos factores distintos. Desgraciadamente, no se fomenta la libertad de expresión. Se sueña con ella en una sociedad comunista, pero cuando uno tiene hambre, recuerda con nostalgia la época de antaño...

PISTAS PARA LA REFLEXIÓN

ALGUNAS PREGUNTAS PARA PROFUNDIZAR EN SU REFLEXIÓN...

- ¿Cuáles son los límites de la objetividad intencionada de la autora en *El fin del «Homo sovieticus»*?
- Svetlana Aleksiévich se presenta como un puro producto de la sociedad soviética. ¿Qué elementos de su biografía corroboran esta idea?
- ¿Se puede considerar a Svetlana Aleksiévich como una autora bielorrusa, a pesar de que haya nacido en Ucrania y escriba en ruso?
- ¿Cómo se describe «el alma rusa» en el libro?
- Ivano-Frankivsk, la ciudad natal de Svetlana Aleksiévich, fue incorporada a varios Estados y regímenes políticos diferentes desde principios del siglo XX. ¿Cuáles? ¿Piensa que esto pudo tener una influencia en sus habitantes y, en particular, en la autora?
- ¿En qué medida el papel de Stalin en la historia de la URSS fue denunciado y posteriormente

rehabilitado por la historiografía soviética? ¿En qué punto estamos actualmente?

- A veces, se emplea la palabra «democratura» para hablar de la Rusia de Putin. ¿Qué esconde este término?
- ¿Qué opina de la forma que ha escogido la autora, el testimonio, para abordar los temas que trata?
- ¿La visión del comunismo que se desprende de *El fin del «Homo sovieticus»* se corresponde con la imagen que existe en Occidente? ¿Qué le ha sorprendido de estos testimonios?
- ¿Qué términos utilizó el comité del Premio Nobel para recompensar a la autora en 2015? Coméntelo.

¡Su opinión nos interesa!
¡Deje un comentario en la página web de su librería en línea,
y comparta sus favoritos en las redes sociales!

PARA IR MÁS ALLÁ

EDICIÓN DE REFERENCIA

- Aleksiévich, Svetlana. 2015. *El fin del «Homo sovieticus»*. Traducido por Jorge Ferrer. Barcelona: Acantilado.

ESTUDIOS DE REFERENCIA

- Vandenborre, Katia. 2015. "Svetlana Alexievitch: à l'écoute de ceux pour qui le temps s'est arrêté...". *Temporalités*, n.º 22. Consultado el 30 de diciembre de 2017. http://journals.openedition.org/temporalites/3317

ResumenExpress.com